AF467006

Exposition Universelle de 1889

GALERIE DES ARTS LIBÉRAUX
(Champ de Mars)

# COLLECTION ARCHÉOLOGIQUE

DE

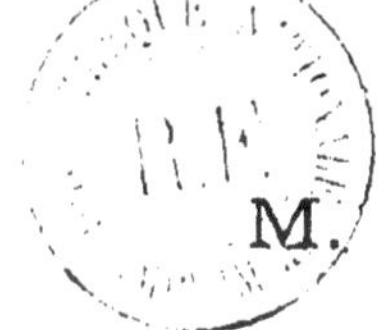

M. Auguste NICAISE

## Inventaire Descriptif

CHALONS-SUR-MARNE
Imprimerie C. Thouille Rue d'Orfeuil, 8

—

1898

EXPOSITION UNIVERSELLE DE 1889

GALERIE DES ARTS LIBÉRAUX
(Champ de Mars)

# COLLECTION ARCHÉOLOGIQUE

DE

## M. Auguste NICAISE

INVENTAIRE DESCRIPTIF

CHALONS-SUR-MARNE
Imprimerie C. Thouille, Rue d'Orfeuil, 8

1895

EXPOSITION UNIVERSELLE DE 1889

GALERIE DES ARTS LIBÉRAUX
(Champ de Mars)

# COLLECTION ARCHÉOLOGIQUE

DE

**M. Auguste NICAISE**

## INVENTAIRE DESCRIPTIF

En exposant sa collection d'Archéologie dans la galerie de l'Histoire du travail, au Champ de Mars, M. Auguste Nicaise a voulu retracer, sous une forme méthodique, chronologique et synthétique, l'évolution humaine par son industrie, depuis les temps quaternaires, jusqu'à l'époque Mérovingienne.

Cette exposition est présentée sur une longueur de 60 pieds environ :

1° Dans deux grandes vitrines plates placées à l'entrée de la Section I, de l'Histoire du travail, Palais des Arts Libéraux ;

2° D'une grande vitrine en hauteur située à la gauche de l'officine du Gallo-Romain Pixtillus ;

3° Enfin, d'une autre vitrine en hauteur renfermant une série de crânes, et située dans le pavillon de gauche, consacré à l'anthropologie, près de la section italienne.

Les deux grandes vitrines plates divisées elles-mêmes en vitrines plus petites, offrent à l'étude les objets suivants :

## *Première vitrine.*

Cette vitrine montre les instruments de l'époque quaternaire, notamment :

Une hache, découverte à Chelles, station type du Quaternaire inférieur, qui donne surtout, comme faune caractéristique, l'*Elephas*, *Antiquus*.

Des haches quaternaires en silex, des départements de la Marne, de l'Yonne et de l'Aube.

A remarquer dans cette vitrine :

1° Une grande hache, type de Saint-Acheul, avec une partie destinée à la préhension de cette arme; (unique.)

2° Une belle pointe du Moustier en silex agathe, trouvée à Asnières (Seine), dans le terrain quaternaire, avec une molaire de Mammouth ; (unique.)

3° Une pointe moustérienne en quartz hyalin (cristal de roche) (unique).

## *Deuxième vitrine.*

Elle renferme les découvertes faites dans les grottes et stations néolithiques du département de la Marne.

Des haches polies en silex.

Des haches polies en roches diverses.

Des haches emmanchées dans des ossements de cerf.

Des couteaux ou lames.

Des pointes de flèches, gouges, perçoirs, scies, percuteurs, nucleus, vases, ossements travaillés.

*A remarquer* : Une belle et longue pointe finement retouchée en silex du grand Pressigny, découverte dans l'ossuaire de la grotte-dolmen de la Garenne-de-Verneuil (Marne).

Une jolie hache en jadeite, trouée pour être portée comme amulette.

Des houes en corne de cerf.

Un percuteur troué naturellement.

La même vitrine renferme les découvertes faites à Saint-Martin-sur-le-Pré (Marne).

Cette curieuse station, placée entre la fin du Quaternaire et le commencement de la pierre polie, a donné des instruments fins et délicats formant une sorte de bijouterie du silex.

Ils sont taillés d'abord sur le nucleus et enlevés ensuite d'un seul coup de percuteur, sans retouches par dessous. Ils n'offrent que des retouches latérales.

*A remarquer* : Des pointes et flèches, des couteaux avec soie d'emmanchement, une houe en corne de cerf et un sifflet en terre cuite.

Un vase à carène, une petite coupe et une cuillère, le tout en terre cuite.

*Troisième vitrine.*

La troisième vitrine renferme le mobilier de la Butte du Moulin-d'Oyes (Marne).

*A remarquer* : Une belle hache emmanchée dans un os de bœuf, et portant à l'extrémité de l'emmanchure opposée à la hache un obturateur en os.

Un collier composé de coquilles du Tertiaire de Damery (Marne) et une rondelle en os.

Un petit polissoir en schiste, demi-circulaire, troué à chaque extrémité pour être suspendu.

Un polissoir de même matière, long et cylindrique, troué à une extrémité pour la suspension.

Un grain de collier en cristal de roche, imprégné de manganèse et de couleur améthyste.

Des pendeloques de collier taillées dans l'*unio* ou moule de rivière.

Des haches polies et haches-ciseaux

Des flèches à double pointe.

Des couteaux et de nombreux tranchets.

*Quatrième vitrine.*

La quatrième renferme l'époque du bronze et la première époque du fer.

A signaler la cachette de fondeur de Festigny (Marne), qui a donné des haches à douille, avec anneau latéral, des haches à ailerons avec et sans anneau, des pointes de lance, dont une porte de chaque côté, répété trois fois et très peu apparent, sur l'ensemble de l'arme, le signe ⊙, le point dans le cercle, signe certainement mystique.

Deux poignards, dont un à un rivet, le second à deux rivets.

Une pointe de flèche à long pédoncule.

Des épées à poignées et à rivets.

Des épingles de tête.

Des bracelets.

Le tout en bronze.

A signaler un vase en terre, trouvé dans une sépulture à incinération au Salage, près Châlons-sur-Marne, le seul rencontré encore en France de ce genre.

Ce vase est décoré, seulement à l'intérieur, de cercles concentriques servant de base à des dents de loup; il montre un umbo à sa partie centrale.

A ses côtés est un autre vase appartenant à la même civilisation, décoré de la même manière et provenant d'une palafitte de la Suisse.

A signaler également une hache votive en plomb, découverte en Bretagne (très rare).

La première époque du fer est représentée dans cette vitrine par :

1° Les deux jambières de Champigny (Aube), en bronze gravé et repoussé, et portant à chaque extrémité un enroulement en bronze, formant ressort de pression et destiné à maintenir la jambière en arrière de la jambe. (uniques.)

2° Les découvertes faites dans le tumulus d'Attancourt (Haute-Marne).

Elles ont donné : un gros brassard en bronze à renflements gravés et à trois compartiments articulés. (unique.)

D'autres bracelets à renflements.

Un grand bracelet orné d'une perle couleur bleu de France.

Deux torques, dont l'un porte sur son pourtour extérieur et en relief des oiseaux affrontés, genre de décoration rencontrée à Mycènes et sur des objets de bronze de la Haute-Italie et des bords du Rhin.

Une fibule très rare dans notre région et de forme dite à éteignoir ou plutôt umbo de bouclier.

La même vitrine renferme une belle sépulture de femme du cimetière gaulois de Fontaine-sur-Coole (Marne). L'inhumée portait huit gros bracelets, dont sept en bronze ciselé et gravé et un gros bracelet en lignite.

Deux bracelets en fer à oves découverts dans le même cimetière.

## *Cinquième vitrine.*

L'époque gauloise, si bien représentée dans les nombreux cimetières de cette époque découverts dans le département de la Marne, montre dans cette vitrine l'ensemble de son industrie et de l'art qui lui est propre.

Armes, parures, ornements, vases, ustensiles.

Citons d'abord la sépulture à char, de Sept-Saulx, près Reims, qui a donné :

1° Une œnochoé en bronze, vase à bec tréflé, muni d'une anse élégante se rattachant à la paroi du vase par une palmette à rayons.

Ce vase est sans doute un butin de guerre rapporté de la Haute-Italie.

2° Un grand couteau en os sculpté, découvert placé encore entre les côtes du squelette d'un sanglier, mis à mort selon le rite funéraire, et placé en avant de la roue droite du char (unique).

3° Une applique ornant le char. Cette pièce est en fer orné de cabochons en bronze, et forme une rosace à lambrequins.

4° Un bouton en bronze finement ciselé et repercé, offrant à son centre un cabochon en émail.

5° Un mors de filet avec un grand anneau à chaque extrémité.

Près de l'un de ces anneaux est une rosace découpée à jour formant une phalère ornementale du mors (unique).

Un secteur, qui s'enlève, permet d'introduire la phalère dans la branche horizontale du mors.

6° Des plaques en fonte, qui tapissaient l'intérieur du char. Elles offrent de nombreuses rainures et formaient une sorte de plancher, empêchant le guerrier et le cocher de glisser en combattant et en conduisant l'attelage.

Elles donnaient au char la stabilité et l'assiette nécessaires.

Notons aussi une épée dont le fourreau de bronze

montre une élégante bouterolle décorée de petits cabochons en émail rouge (unique).

Une petite épée ou dague à fourreau de bronze, ornée aussi d'émail rouge (unique).

Cet émail, que nous retrouvons plus loin sur des torques, provient probablement des ateliers découverts au mont Beuvray chez les Eduens par M. Bulliot.

On remarque, parmi les armes, une grande épée de 1 m. 15, et une lance, provenant de la même sculpture, mesurant 12 centimètres de largeur à la base. Elles ont été découvertes à Bussy-le-Château (Marne). Une autre lance très mince, effilée, et longue de 56 centimètres, la seule de ce genre découverte jusqu'aujourd'hui.

Toutes les formes de lances, javelines ou armes de jet, pointes de flèches, sont représentées par les types les plus divers.

A remarquer des pointes de flèches à barbe récurrente trouvées pour la première fois dans une sépulture à char, à Vaudemange (Marne) (uniques).

Une grande paire de ciseaux gaulois, de la forme de ceux appelés *forces* aujourd'hui.

Nous retrouverons de mignons ciseaux de ce genre, faisant partie du mobilier d'une sépulture d'enfant à l'époque gallo-romaine, et située dans la vitrine suivante.

A remarquer également trois boutons en fer creux avec bélière de suspension, découverts à l'Epine (Marne) sur la poitrine de l'inhumé, qui avait aussi sur les poignets deux brassards en fer comme armes défensives. (uniques.)

La seule hache découverte dans les gisements de la Marne ; elle est en fer et du type à ailerons.

Deux haches de ce genre, découvertes dans une

palafitte de la Suisse, font partie de la collection du colonel Schwab.

Deux sistres en fer découverts dans des tombes gauloises à Semide (Ardennes) et à Fontaine-sur-Coole (Marne).

Un semblable instrument a été trouvé dans un tumulus du Châtillonnais; le Montceau-Laurent, croyons-nous.

Un mors en fer, unique jusqu'à présent dans les découvertes gauloises. Les mors gaulois sont des mors dits de filet, se rattachant à la rêne par un large anneau de chaque côté.

Ce mors, trouvé aux Varilles, commune de Bouy (Marne), est à branche montante et se rattache à la rêne par un bouton placé à l'extrémité de cette branche.

A signaler une sépulture gauloise renfermant une pierre à repasser, un rasoir en fer et une petite coupe à manche troué pour la suspension, qu'on peut, sans trop d'imagination, considérer comme le vase destiné à l'émulsion du savon, car les Gaulois le connaissaient, ainsi que l'affirment Pline et Strabon.

## *Septième vitrine.*

Dans cette vitrine sont placées des séries de torques ou colliers de fibules, bracelets, boucles d'oreilles, bagues.

A signaler parmi les torques :

1° Un torque en bronze avec cabochons en pâte indéterminée, incrustée de bronze (unique).

2° Un torque en bronze ciselé avec ornements en émail rouge sur les deux boules terminales (uniques).

3° Un torque avec cabochons en corail aux deux extrémités.

4° Un grand torque en bronze cordelé, auquel sont

appendues par un fil de bronze quatorze perles en pâte de verre, et de couleurs différentes.

5° Un collier découvert aux Varilles, composé de 100 grains de corail, une fusaiole, une coquille, un grain d'ambre ; et, comme pendentif central, une amulette faite de la table extérieure d'une vertèbre lombaire humaine.

Cette vitrine est complétée par une série d'objets gallo-romains, découverts dans des sépultures et habitations du département de la Marne, notamment à Reims.

On y remarque une curieuse et unique sépulture d'enfant découverte dans le cimetière de la Fosse Jean-Fat, à Reims.

L'inhumé, renfermé dans un cercueil de plomb avec ornements au repoussé, avait autour de lui, disposés avec un soin pieux :

1° Trois bracelets en bronze, un bracelet en jayet et deux bagues passés les uns dans les autres au moment de l'inhumation.

2° Trois dés à jouer en os.

3° Une petite cuillère en bronze.

4° Une paire de petits ciseaux en fer.

5° Un collier en grains de corail, d'émail et de lapis.

6° Deux oiseaux en terre blanche.

7° Cinq petits vases en terre cuite.

Tel est l'ensemble des objets exposés dans les deux grandes vitrines plates, situées des deux côtés extérieurs de l'entrée de la galerie de l'Histoire du Travail.

L'exposition de M. Auguste Nicaise se continue dans une grande vitrine en hauteur, placée à gauche de l'officine du gallo-romain Pixtilus.

*Huitième vitrine.*

Cette vitrine renferme des vases en terre cuite des

époques gauloise, gallo-romaine et mérovingienne, ainsi que des séries de vase en bronze et en verre de l'époque gallo-romaine.

Elle montre en outre de nombreux objets de l'époque gallo-romaine.

On remarquera parmi les vases gaulois : 1° des vases à boire avec ornements peints et incisés ;

Des vases funéraires avec ornements peints en rouge et noir ;

Et notamment deux grands vases funéraires, avec représentation d'animaux fantastiques, se suivant sur des zones circulaires comme sur les cistes en bronze d'Oppéano et de la Haute-Italie (uniqnes).

C'est la première fois qu'on rencontre cette ornementation dans la céramique gauloise de la région de l'Est.

Ces vases ont été habilement restaurés dans l'atelier du musée de Saint-Germain.

2° Un grand vase à incinération gauloise, découvert à Condé-sur-Suippes (Aisne). Ce vase renferme, avec des ossements et des ornements en fer, une monnaie gauloise des *Catalauni*, remplissant sans doute, dans la bouche de l'inhumé sur le bûcher, l'office de la monnaie que les Romains affectaient à cette pratique funéraire (unique).

Dans la série des vases gallo-romains :

1° Les vases à trois trous, découverts à Reims dans le cimetière de la Fosse Jean-Fat, au-dessus desquels ont été rencontrées les stèles avec inscriptions et sculptures, dont les reproductions sont fixées à droite de cette vitrine.

Ces vases à incinération, qui tous renferment encore des ossements humains incinérés, donnaient, par les trois trous qui y sont pratiqués, l'aspect rudimentaire du visage humain, c'est-à-dire les yeux et la bouche.

Ils tiennent dans la civilisation des Rèmes la place des

urnes à visage en relief, découvertes sur les bords du Rhin.

Parmi eux, un vase en terre rouge sigillée avec ornements représentant la fleur de lotus.

2° Une coupe en terre dite samienne, avec le nom du potier : *Peregrius*, et une inscription faite à la pointe M. I. INGENVI.

3° Un vase en terre grise renfermant 740 monnaies, petits bronzes du Bas-Empire, trouvé à Recy (Marne).

La même vitrine montre des vases en bronze de forme élégante, des passoires, des *titinnabulum*, des vases en verre, des bracelets et des cabochons également en verre.

Un grand vase en verre avec son couvercle à bouton surélevé et deux anses élégantes bilobées.

Ce beau vase, rare par ses dimensions, sa conservation et sa forme, renferme les ossements d'une femme nommée *Secunda*.

En effet, cette sépulture était surmontée d'une petite stèle funéraire, terminée en forme de toit et portant au-dessus et au-dessous des trois niches, qui en font un columbarium, le nom de *Secunda* gravé deux fois dans la pierre.

Tout à côté, dans un petit vase voisin, sont placés les cheveux de couleur châtain-clair d'une femme gallo-romaine, inhumée dans un cercueil en plomb.

Citons aussi les épingles en os sculpté découvertes à Lyon et qui représentent :

1° Le buste de *Crispina Augusta*, la seconde femme de Commode, d'abord exilée à Chypre sous l'accusation d'adultère, ensuite mise à mort.

2° Une tête avec bonnet d'affranchi.

3° Une cybèle à la tête tourelée, merveilleuse de beauté et d'exécution.

4° Une tête de femme, ceinte d'un bandeau à fleurons, les cheveux retenus par une résille.

5° Un groupe humain, homme et femme, sculpté en plein relief sur le haut d'une épingle. Admirable travail. Hauteur du groupe, 13 m/m.

6° Une main tenant le manche d'un ustensile, probablement d'un miroir.

7° Un petit Rhyton en os avec sculpture phallique.

Ces épingles sont absolument uniques. Aucune collection, aucun musée n'en offrent de semblables pour le genre, la beauté et la perfection du travail. Elle sont de la fin du 1er siècle de notre ère.

Un buste en marbre du Pentélique, représentant Apollon et découvert au Chatelet (Haute-Marne).

Une main de jeune fille, tenant une asperge, en marbre blanc, trouvée dans la Saône.

A côté de cette vitrine sont fixées sur la paroi, formant l'arrière de l'officine de Pixtillus, treize stèles funéraires, avec inscriptions et sculptures, découvertes à la Fosse Jean-Fat (Reims).

Ces monuments apportent des documents intéressants à l'onomastique gallo-romaine.

L'un d'entre eux reproduit l'*Ascia* qui n'a jamais été rencontrée jusqu'à présent dans la région de l'Est, tandis qu'elle est fréquente dans la région lyonnaise.

Un de ces monuments représente un aigle, symbole, sur les tombeaux, de l'âme s'élevant vers l'Empyrée.

### *Neuvième vitrine.*

La neuvième vitrine renferme une série de crânes et d'ossements depuis l'époque quaternaire jusqu'au XIVe siècle de notre ère, en passant par les époques de la pierre polie, gauloise, gallo-romaine.

Notamment :

1° La mâchoire et le fémur découverts à Châlons-sur-Marne, dans les alluvions quaternaires, avec des ossements de mammouth, de rhinocéros, de bœuf, de cheval et des lames en silex taillé ;

2° Les crânes néanderthaloïdes de l'époque de la pierre polie, trouvés dans le cimetière (avec fosses disséminées) des Varennes, près Dormans (Marne) ;

3° L'énorme crâne gaulois découvert à Condé-sur-Suippes (Aisne).

Tel est l'ensemble de cette exposition qui donne l'évolution du génie humain par ses œuvres depuis les temps quaternaires jusqu'à l'époque gallo-romaine, c'est-à-dire pendant une immense période de l'histoire de l'humanité.

Le nombre des pièces exposées est de 975.

Si l'on y ajoute les 740 pièces de monnaie que contient le vase découvert à Recy (Marne), compté seulement comme unité dans l'inventaire, on trouve un total de 1,715 objets.

Cette exposition ne comprenait donc qu'une partie de la collection de M. Auguste Nicaise. On doit y ajouter la série des objets mérovingiens, armes, vases, bijoux, ornements, notamment des boucles de ceinturon en fer et en argent, damasquinées d'or et d'argent.

Et une quantité d'autres objets des époques de la pierre et du bronze, découverts en France et en Amérique.

La série des grandes lames de silex découvertes à Volgu (Haute-Saône).

Les moulages et imitations des plus beaux objets en or, argent et bronze du musée de Copenhague.

Notamment des vases en or et en argent et or.

Boucles et bracelets en or.

Torques en or.

Epées en fer avec poignée en or et argent, et en argent.

Epées et poignards en bronze et or.

Epées en fer dans leur fourreau en bois sculpté.

Objet de harnachement en bois de chêne avec appliques en or repoussé et gravé.

Vases en bronze.

Hache et pointe de lame en fer incrusté et damasquiné d'argent.

Grande hampette en bronze avec pendeloques, ornement du même métal.

Et quantité d'autres objets.

En y comprenant les 740 monnaies placées dans le vase trouvé à Recy, la collection Auguste NICAISE se compose de plus de 3,000 pièces.

Elle a figuré à l'exposition de Reims en 1876, à l'exposition universelle de 1878, au Trocadéro. Elle est visitée chaque année, par des savants, des artistes, des curieux, par des Congrès et des Sociétés savantes. Et sur l'ordre du Ministre de l'Instruction publique, elle reçoit la visite des élèves des établissements scolaires, lycées, collèges, pensions et écoles normales.



Châlons, imp. Thouille.

52

www.ingramcontent.com/pod-product-compliance
Ingram Content Group UK Ltd.
Pitfield, Milton Keynes, MK11 3LW, UK
UKHW020452220726
13923UKWH00005B/2491

9 782019 221560